Vincent Andreas

Mikosch haut ab!

Mit Hufeisen-Quiz

Bibi & Tina

Lesen lernen

2. Klasse

ab 7 Jahren

Klett Lerntraining

Bibliografische Information der Deutschen Nationalbibliothek
Die Deutsche Nationalbibliothek verzeichnet diese Publikation in der Deutschen Nationalbibliografie; detaillierte bibliografische Daten sind im Internet über http://dnb.dnb.de abrufbar.

Dieses Werk folgt der neuen Rechtschreibung und Zeichensetzung.
„Hexspruch" ist ein Begriff aus der Welt von Bibi Blocksberg.

2. Auflage 2018

Redaktion: Susanne Stephan
Lizenz durch KIDDINX Media GmbH
Lahnstraße 21, 12055 Berlin

www.klett-lerntraining.de
Redaktion: Jette Maasch
Umschlaggestaltung und Layout: Sabine Kaufmann, Stuttgart
Autor: Vincent Andreas, Berlin
Illustrationen: Madlen Frey und Till Bayreuther, Greven
Satz: tebitron gmbh, Gerlingen
Druck: Aumüller Druck GmbH & Co. KG, Regensburg
Bindung: Conzella Verlagsbuchbinderei Urban Meister GmbH & Co KG, Pfarrkirchen
Printed in Germany
ISBN 978-3-12-949531-5

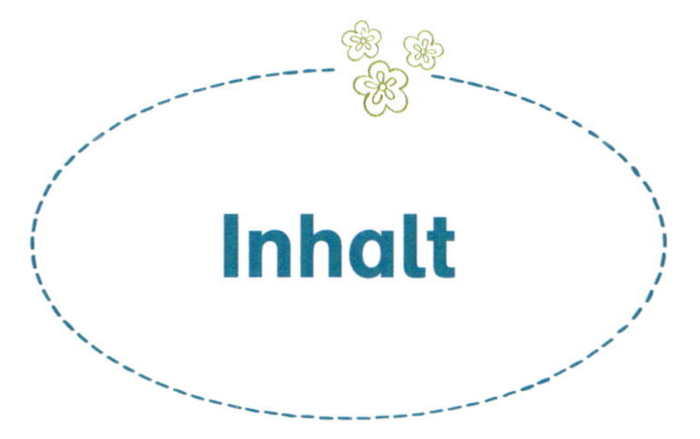

Inhalt

Wiedersehen mit Mikosch 6

Schweigsamer Mikosch 10

Mikosch ist weg! 16

Eine überraschende Nachricht 22

Hufeisen-Quiz 30

Lösungswort 34

Mein Lese-Pass 36

Wiedersehen mit Mikosch

Die Schienen beginnen zu summen,
erst ganz leise, dann immer lauter.
„Der Zug kommt!“, jubelt Bibi.
Hinten in der Kurve
taucht eine rote Lokomotive auf.
Schon fährt der Zug rumpelnd
in den Bahnhof von Falkenstein ein.
Er hält mit quietschenden Rädern.

Bibi, Tina und Alex haben ungeduldig auf den Zug gewartet.
An Bord ist Mikosch, ihr Freund von dem ungarischen Gestüt Szendrö.
Graf Falko von Falkenstein hat ein Wildpferd gekauft.
Mikosch begleitet es auf der Fahrt.
In diesem Augenblick öffnet sich die Tür eines Waggons.
Da ist Mikosch!

Der Junge führt das Wildpferd
über eine Rampe auf den Bahnsteig.
Es ist eine hübsche hellbraune Stute
mit großen schwarzen Augen.
„Wie schön, dich zu sehen!“,
ruft Bibi ihrem Freund zu.
Doch seltsam: Mikosch ist
sonst immer so fröhlich!
Aber heute lacht er nicht
über das ganze Gesicht.
Er sagt nur knapp: „Hallo.“

Als Bibi ihn zur Begrüßung umarmt,
weicht er einen Schritt zurück.
„Was ist denn mit Mikosch los?“,
wundert sich Bibi.
„Hat er schlechte Laune?
Oder freut er sich etwa nicht,
mich wiederzusehen?“
Bei dem Gedanken hat Bibi
auf einmal einen Kloß im Hals.

Schweigsamer Mikosch

Die vier Freunde reiten vom Bahnhof
zum Schloss Falkenstein.
Bibi, Tina und Alex
auf ihren eigenen Pferden,
Mikosch auf dem Wildpferd.
Die hübsche Stute heißt Aneschka.
Sie ist unruhig nach der Fahrt.
Doch Mikosch kennt sich mit Pferden
gut aus und kann sie beruhigen.

„Wie geht es Janosch?“, fragt Bibi.
„Und was machen die Wildpferde?“
„Alles okay“, murmelt Mikosch.
Weiter sagt er nichts.
Den Rest des Weges schweigt er
und starrt vor sich hin.
Auch als Graf Falko wenig später
Aneschka begeistert in Empfang nimmt,
ist Mikosch sehr wortkarg.

Auf dem Schloss werden
die Gästezimmer renoviert.
Mikosch übernachtet deswegen
auf dem Martinshof.
Bibi hat für den Nachmittag
einen Ausritt zur Alten Mühle geplant.
Dort sind sie schon oft
zusammen gewesen.
Doch als die Freunde
auf dem Martinshof eintreffen,
geht Mikosch ohne ein weiteres Wort
auf sein Zimmer.

Erst zum Abendbrot
lässt er sich wieder blicken.
Nach dem Essen können Bibi und Tina
ihn zu einem kleinen Spaziergang
auf der Koppel überreden.
Im Schein der untergehenden Sonne
schlendern sie am Zaun entlang.
Natürlich ist auch Tina aufgefallen,
wie schweigsam Mikosch ist.

Vorsichtig hakt sie nach:
„Sag mal, Mikosch,
was ist denn los mit dir?“
„Gar nichts ist los!“,
erwidert Mikosch patzig.
Doch damit gibt Bibi
sich nicht zufrieden.
Sie fasst sich ein Herz,
holt einmal tief Luft und fragt:
„Magst du mich etwa nicht mehr?“

Da schaut Mikosch ganz erschrocken.
„Doch! Natürlich mag ich dich!“,
versichert er ihr.
„Aber, was hast du dann?“,
bohrt Bibi weiter.
Eine Weile druckst Mikosch herum.
Dann holt auch er einmal tief Luft
und sagt mit ernster Miene:
„Ich werde morgen nicht
nach Ungarn zurückfahren!“

Mikosch ist weg!

Bibi und Tina begreifen erst nicht,
was Mikosch damit sagen will.
„Wie bitte?“, fragt Tina erstaunt.
„Wann denn dann?“
Doch so hat Mikosch das nicht gemeint.
„Ich werde überhaupt nicht mehr
nach Ungarn zurückkehren“,
erklärt er entschlossen.

„Wieso denn das?“, fragt Bibi.
Mikosch erzählt,
dass die Stimmung auf dem Gestüt
seit Wochen schlecht ist wie noch nie.
Jeden Tag ist Janosch übel gelaunt.
Nichts kann Mikosch ihm recht machen.
„Vielleicht hat das gar nichts
mit dir zu tun“, wirft Tina ein.
„Kann schon sein“, gibt Mikosch zu.
Einmal hat er ein Gespräch zwischen
Janosch und einem Freund belauscht.

Da hat Janosch gesagt,
dass er das Gestüt
vielleicht aufgeben muss.
„Klingt, als habe er Geldsorgen“,
überlegt Bibi.
„Und deshalb ist er so mürrisch!“,
ergänzt Tina.
Das hält auch Mikosch für möglich.
Aneschka ist das einzige Wildpferd,
das Janosch dieses Jahr verkauft hat.
„Aber das ist noch lange kein Grund,
mich so zu behandeln!“,
platzt es aus Mikosch heraus.

Das finden Bibi und Tina auch.
„Kann ich nicht
auf dem Martinshof bleiben?“,
fragt Mikosch.
„Das wäre toll!“, ruft Bibi begeistert.
Wenn Mikosch immer hier wäre,
könnten sie jeden Tag reiten.
Zusammen mit Tina und Alex!
Und zu viert am Baggersee liegen,
die Pferde grasen lassen
und zu den Wolken hinaufschauen.

„Schlag dir das aus dem Kopf!“, unterbricht Tina Bibis Träumerei. Sie findet, dass sich Mikosch mit Janosch aussprechen muss. „Das habe ich doch versucht!“, verteidigt sich der Junge. „Dann versuch es noch mal!“, beharrt Tina. Daraufhin wird Mikosch ganz still. Als Bibi und Tina ihm wenig später eine gute Nacht wünschen, schaut Mikosch wieder ganz ernst.

In der Nacht schläft Bibi schlecht.
Sie muss immer an Mikosch denken.

Am nächsten Morgen ist der Junge
nicht in seinem Zimmer.
Bibi und Tina suchen ihn überall,
können ihn aber nirgends finden.
Für die beiden gibt es keinen Zweifel:
Mikosch ist weggelaufen!

Eine überraschende Nachricht

Bibi und Tina erzählen Frau Martin, was passiert ist.
Tinas Mutter ist beunruhigt.
Mikosch ist ein ganz schöner Hitzkopf.
Wer weiß, wo er hingelaufen ist!
Sie ruft bei Janosch an.
Auch der macht sich große Sorgen.
Er will gleich in den Zug steigen und nach Falkenstein fahren.

Bibi ahnt, wo Mikosch sein könnte:
an der Alten Mühle!
Frau Martin möchte sofort aufbrechen.
Aber Bibi will erst einmal
alleine mit Mikosch reden.
Sie sattelt Sabrina und reitet
die Feldwege hinab zum Bach.
An der Mühle ruft sie nach Mikosch,
erhält aber keine Antwort.

Sie späht durch die Fenster.
Keine Spur von Mikosch!
Noch einmal ruft sie nach ihm:
„Mikosch! Alle machen sich Sorgen!
Janosch ist auf dem Weg hierher!“
Plötzlich hört Bibi über sich ein Geräusch.
Blätter rascheln, Zweige knacken,
und Mikosch landet direkt
vor ihren Füßen!
„Janosch kommt echt hierher?“,
fragt er ungläubig.

„Hast du etwa gedacht,
dass er sich keine Sorgen macht?“,
fragt Bibi zurück.
Das hat Mikosch tatsächlich geglaubt.
So wie Janosch in letzter Zeit
immer mit ihm geschimpft hat …
Bibi würde sich natürlich freuen,
wenn Mikosch hierbleiben würde.
Aber wichtiger ist es ihr doch,
dass Mikosch sich mit Janosch verträgt.

Deshalb gibt sie sich einen Ruck.
„Komm mit und sprich mit Janosch!“,
bittet sie ihren Freund.
Einen Moment lang überlegt Mikosch.
„Na schön“, seufzt er dann.
Und so kehren Bibi und Mikosch
zusammen zum Martinshof zurück.
Am Nachmittag trifft Janosch ein.
In der Küche vom Martinshof
spricht er lange mit Mikosch.

Da reitet Alex auf den Hof.
„Ich muss Mikosch sprechen!“, ruft er.
Der Junge kommt gerade mit Janosch
aus dem Haus.
Sie haben sich wieder versöhnt.
„Ich werde meine Launen
nicht mehr an Mikosch auslassen“,
verspricht Janosch.
„Auch wenn die Geldsorgen
noch so groß sind!“
„Die sind vermutlich bald vorbei!“,
schaltet sich Alex ein.

Er erzählt den Freunden,
dass ein Bekannter seines Vaters
von Aneschka ganz begeistert ist.
Er will viele weitere Pferde kaufen.
„Damit wären die Geldsorgen
tatsächlich vom Tisch!“,
jubelt Janosch.
Mikosch stimmt in den Jubel mit ein.
Bibi strahlt über das ganze Gesicht.
Tina schmunzelt.

„Freust du dich so für Mikosch?“,
fragt sie ihre Freundin.
„Nicht nur für Mikosch!“,
antwortet Bibi verschmitzt.
„Auch für mich!
Wenn Janosch weitere Pferde verkauft,
wird Mikosch sie begleiten.
Und das bedeutet, dass ich ihn
schon sehr bald wiedersehen werde!“

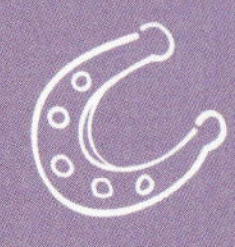

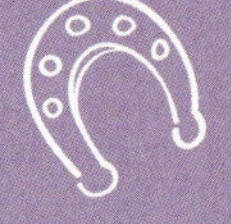

1 Mikosch wohnt in Ungarn auf einem ...

M ◯ ... Getüt.

K ◯ ... Geblüt.

W ◯ ... Gestüt.

2 Weshalb hat Bibi beim Wiedersehen mit Mikosch einen Kloß im Hals?

A ◯ weil ihr das Frühstücksbrötchen im Hals stecken geblieben ist

E ◯ weil sie so aufgeregt ist

I ◯ weil Mikosch sie nicht fröhlich begrüßt

3 **Welche Fellfarbe hat Aneschka?**

S ◯ schwarz

R ◯ weiß

L ◯ hellbraun

4 **Der Verwalter in Szendrö heißt:**

D ◯ Janosch

B ◯ Babosch

F ◯ Akosch

5 **Mikosch übernachtet nicht auf dem Schloss, weil ...**

S ◯ ... dort nur Adlige übernachten dürfen.

P ◯ ... die Gästezimmer renoviert werden.

L ◯ ... dort der Blitz eingeschlagen hat.

6 **Warum ist Bibi zunächst begeistert davon, dass Mikosch nicht zurück will?**

C ◯ weil Frau Martin Hilfe auf dem Hof gut gebrauchen kann

N ◯ weil er sich gut mit Pferden auskennt und sich um Sabrina kümmern kann

F ◯ weil sie dann viel Zeit miteinander verbringen können

7 **Wie kommt Bibi auf die Idee, dass Mikosch in der Alten Mühle sein könnte?**

H ◯ Mikosch wohnt zu Hause in einer Mühle.

E ◯ Sie und Mikosch sind dort oft zusammen gewesen.

O ◯ Dort gibt es viele Möglichkeiten, sich zu verstecken.

8 **Mikosch hat sich nicht in der Mühle versteckt, sondern ...**

T ◯ unter dem Mühlrad.

R ◯ auf einem Baum.

V ◯ auf dem Dach der Mühle.

9 **Was bringt Mikosch dazu, zum Martinshof zurückzukehren?**

G ◯ Er erfährt, dass Aneschka krank ist.

J ◯ Er erfährt, dass er auf dem Martinshof bleiben darf.

D ◯ Er erfährt, dass sich Janosch Sorgen um ihn macht.

10 **Wie kommt es, dass Bibi sich am Ende so freut?**

U ◯ Mikosch wird ihr ein Pferd schenken.

E ◯ Sie weiß, dass sie Mikosch bald wiedersehen wird.

A ◯ Mikosch wird nicht nach Ungarn zurückkehren.

Lösungswort

Hast du alle Quiz-Fragen beantwortet? Dann trage hier die Buchstaben der richtigen Antworten ein.

1 2 3 4 5 6 7 8 9 10

Tipp: Das Lösungswort hat etwas mit der Geschichte zu tun!

Bibi&Tina®

Mein Wunschzettel

Noch mehr Lesestoff mit den beiden Freundinnen ...

ISBN 978-3-12-949409-7

Habe ich schon.
Wünsche ich mir.

ISBN 978-3-12-949333-5

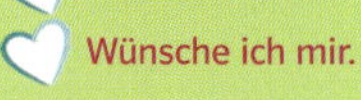
Habe ich schon.
Wünsche ich mir.

ISBN 978-3-12-949495-0

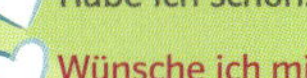
Habe ich schon.
Wünsche ich mir.

ISBN 978-3-12-949394-6

Habe ich schon.
Wünsche ich mir.

ISBN 978-3-12-949080-8

Habe ich schon.
Wünsche ich mir.

ISBN 978-3-12-949258-1

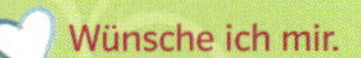
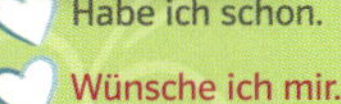
Habe ich schon.
Wünsche ich mir.

ISBN 978-3-12-949090-7

Habe ich schon.
Wünsche ich mir.

ISBN 978-3-12-949395-3

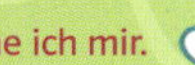
Habe ich schon.
Wünsche ich mir.

ISBN 978-3-12-949069-3

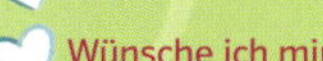
Habe ich schon.
Wünsche ich mir.

ISBN 978-3-12-949257-4

Habe ich schon.
Wünsche ich mir.

ISBN 978-3-12-949062-4

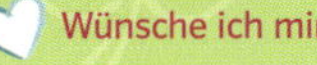
Habe ich schon.
Wünsche ich mir.

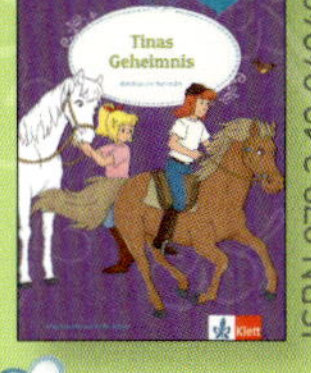

ISBN 978-3-12-949494-3

Habe ich schon.
Wünsche ich mir.

ISBN 978-3-12-949334-2

Habe ich schon.
Wünsche ich mir.

ISBN 978-3-12-949529-2

Habe ich schon.
Wünsche ich mir.

ISBN 978-3-12-949531-5

Habe ich schon.
Wünsche ich mir.

Das Erstlese-Buch zum Film:

ISBN 978-3-12-949408-0

Ein Muss für alle Bibi&Tina-Fans: mit vielen Original-fotos aus dem Film!

Habe ich schon.
Wünsche ich mir.

Erhältlich im Buchhandel.
Weitere Infos: www.klett-lerntraining.de

Mein Lese-Pass

Hier kannst du dir deinen eigenen Lese-Pass basteln.

- Schneide die gegenüberliegende Seite an der gestrichelten Linie heraus.
- Falte die Seite in der Mitte.
- Schreibe deinen Namen in das Feld.

Hier kannst du eintragen, wann du 10 Minuten gelesen hast. Bibi und Tina freuen sich, wenn du regelmäßig liest, denn: Übung macht den Meister!

Viel Spaß beim Lesen wünschen dir Bibi und Tina.

Bibi&Tina®

Mein Lese-Pass

Name:

Klett

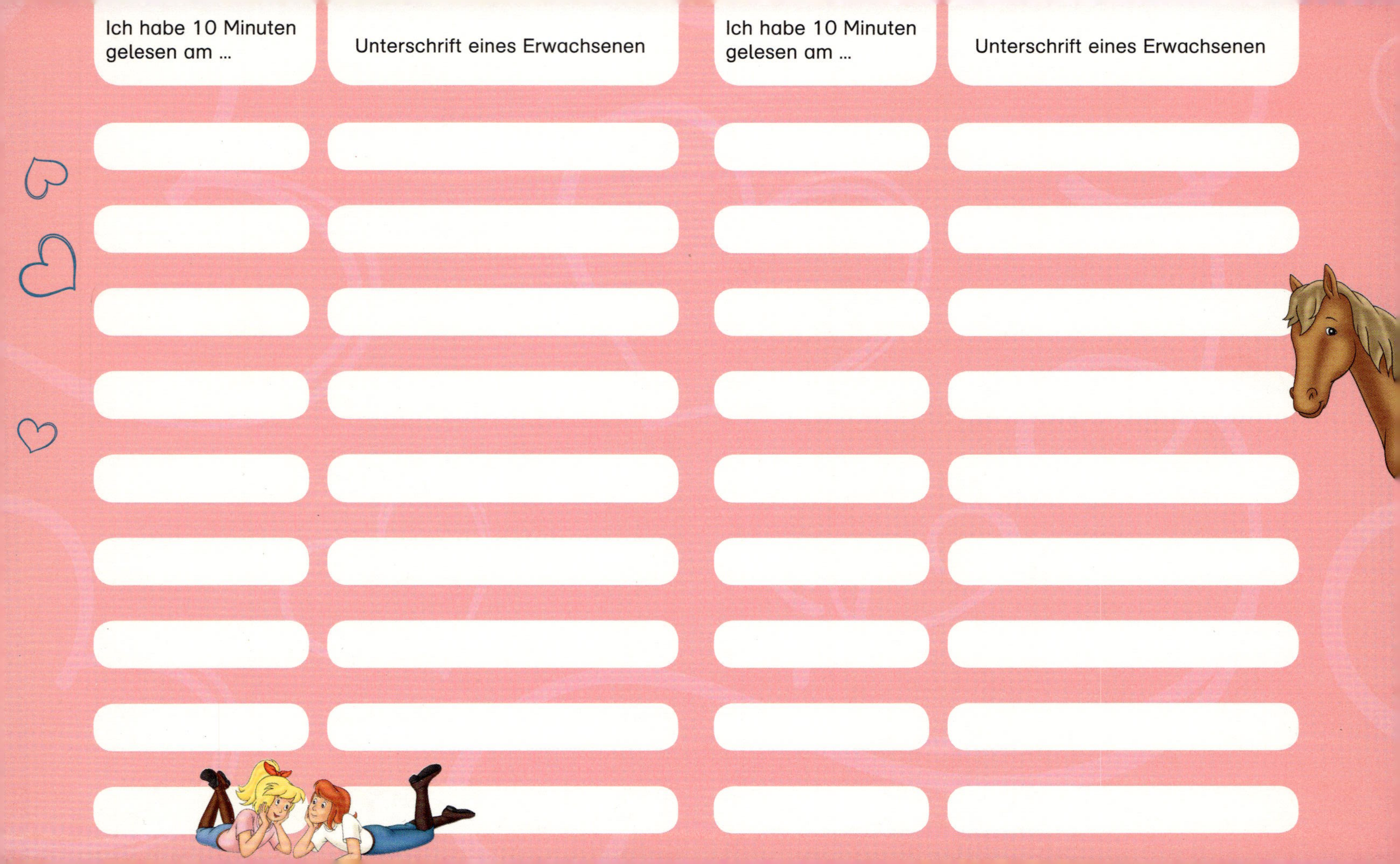

Ich habe 10 Minuten gelesen am …	Unterschrift eines Erwachsenen	Ich habe 10 Minuten gelesen am …	Unterschrift eines Erwachsenen